APPEL

A LA

VOLONTÉ ROYALE.

PARIS,

IMPRIMERIE DE DAVID,

BOULEVART POISSONNIÈRE, N° 4 BIS.

—

1831.

Je n'ai originairement rédigé cette lettre que pour être remise par moi confidentiellement au Roi, comme désirant, d'après la marche que tenait le gouvernement, l'éclairer sur des actes, des faits, et des vérités qui avaient leur importance pour le pays et le maintien de sa couronne. Je me rendis le matin de bonne heure à Saint-Cloud, la surveille de son premier voyage. L'aide-de-camp de service auquel je m'adressai, en lui parlant des motifs, me témoigna ses regrets, en ce que sa consigne le lui défendait ; je le remerciai de son offre de s'en charger, parce qu'elle serait tombée, comme d'usage, entre les mains de secrétaires pour lesquels je n'avais pas pris la peine de la rédiger. Ce qui m'a réduit à la livrer à l'impression, comme moyen de lui parvenir, soit de la part de ceux qui croiraient y trouver de l'intérêt, ou d'autres mêmes qui pourraient en prendre de l'humeur et donneraient en la citant, occasion de la connaître ; le but serait rempli. Des circonstances se sont présentées depuis, je les y ai jointes.

APPEL

A LA

VOLONTÉ ROYALE.

SIRE,

Eclairer un souverain est un devoir, même les jours auxquels, autour de lui, les acclamations se font entendre, parce que, n'ayant de durée qu'autant que les actes de son gouvernement portent à les faire naître, il est important qu'il connaisse les causes qui peuvent les réfroidir, ou en interrompre tôt ou tard la continuation. Ancien serviteur, ayant combattu avec vous sous les premiers drapeaux de 92, et désiré depuis long-temps voir les intérêts et la liberté de la France sous la tutelle de votre couronne, je vous supplierai de lire cette adresse. Le grand Frédéric cherchait à tout connaître, et cependant les moyens en étaient alors bien plus difficiles; il s'en trouva bien. Nous avons le besoin de vous voir, sur ce point, imiter ce grand homme, puisque depuis notre régénération politique il est question d'une couronne à laquelle est lié le sort présent et futur d'un peuple qui a uni ses destinées aux vôtres. Vous aimez la vérité ; je vous la dirai toute entière.

C'est de Calcuta, Sire, que j'emprunterai un avis salutaire et bien français, qui a fait le sujet d'un toast porté par un de vos capitaines dans cette île, à la célébration de l'annonce des journées de juillet, et à une réunion de 800 habitans, en réponse à un toast généreusement porté par un commandant anglais en faveur de l'union des deux peuples. « Après une victoire gagnée sur les » ennemis de la liberté et le bonheur des peuples, » la nation française a élevé sur les pavois un » prince-citoyen, qui a fait ses premières armes en » faveur de la liberté dans les rangs de nos vieilles » bandes républicaines. *Il a vu les fautes qui ont* » *renversé le trône*, son consentement à l'occuper » à son tour, *nous dit qu'il saura les éviter;* qu'il » voudra *accorder à la nation*, dont il tient la » meilleure des légitimités *les droits qu'elle mé-* *rite*, etc »

Honneur au capitaine Luco, qui, à une telle distance, a eu l'art de préjuger notre situation, et les incertitudes dans lesquelles nous sommes de la réalisation de son toast national. Voilà, Sire, les hommes sur lesquels Votre Majesté peut compter davantage que sur ces flatteurs européens qui sont restés dans l'ornière de la restauration, et oublieraient, le jour du danger, ce qu'ils auraient promis la veille.

En effet, Sire, il ne faut pas vous dissimuler que, depuis votre élévation au trône, il y a eu de la part de vos divers conseillers une tendance à ne marcher que d'après des calculs et des systèmes de demi-restauration. Les résultats en sont même tels aujourd'hui que le souvenir des trois journées mémorables auxquelles nous devons le nouvel aurore de notre liberté, semblerait ne plus exister que dans les gravures qui en représentent les prodiges. C'est, les yeux fixés sur elles, que j'ai rédigé cette supplique à Votre Majesté. Elle voudra bien, dès-lors, pardonner quelques expressions qui pourraient paraître sévères.

Et cependant, la France s'étant régénérée sur les fonds baptismaux des barricades, tout ne devoit-il pas se régénérer avec elle? Mais non. Comme au tems de Louis XVIII, qui regrettait d'avoir fait trop de concessions par sa charte, vos conseillers, pour éviter ces regrets, ont retardé la marche franche et large que la nation avait droit d'attendre. A la vérité, quelques obstacles ont été apportés à cette marche, et l'on devait s'y attendre d'après la composition de deux chambres, restes des créations du pouvoir absolu; mais n'avionsnous pas, pour les vaincre, cette fermeté de caractère et de principes dont le duc d'Orléans nous avait, pendant quinze ans, donné tant de preuves; et de plus ces orateurs courageux qui, du haut de la tribune, faisaient entendre des vérités qu'il étoit facile à Votre Majesté de connaître. Vos conseillers ont prévalu, ils ont fait céder cet ancien caractère à leurs volontés, et le duc d'Orléans, devenu roi, a bien voulu s'y soumettre. Telle est notre position !

Une responsabilité, celle des ministres, a paru avoir absorbé toutes vos inspirations personnelles, comme étant une garantie suffisante ; c'est une erreur, Sire, qui pourrait un jour causer des regrets, le sort de vos prédécesseurs l'a prouvé. Des antécédens honorables ne rendent pas exempt d'erreurs, et votre responsabilité est d'une bien autre importance ; car les ministres passent, mais le souverain reste avec toutes les conséquences du passé, du présent, et de l'avenir. Concentré dans le cercle étroit, et unique de sept personnes, au milieu de toute la France, les avenues cernées contre toutes remontrances ou réflexions réduites à un journal ministériel qui ne peut rien apprendre ; négliger la comparaison par le défaut de lecture des productions instructives de la presse journalière. Signer, sans examen, les résultats de délibérations ou d'ordonnances, sur la simple présentation *. Ce rôle pouvait convenir à ces rois fainéans d'ancienne race, ou à ceux du droit divin qui, sans rien voir, sans rien consulter sur ce qu'ils pouvaient apprendre, et sans capacité au-

---

* Je ne citerai qu'une seule conséquence, celle résultante de l'ordonnance du 14 novembre dernier, rendue sous le précédent ministre de la guerre, relatives aux cadres des officiers-généraux en activité et ceux en non activité. Il en est résulté une dépense annuelle de 3 à 400,000 f. en pure perte pour le trésor, par une augmentation de 2,000 fr.

cune, vacillaient et tombaient. Vous êtes, Sire, d'une autre origine; vous êtes appelé à des destinées que vous rendrez plus durables, celles d'un peuple qui, après trois jours de sang et de victoire, s'est jeté avec confiance dans vos bras, vous a déposé ses armes, confié son avenir, et s'attend à trouver dans le Conseil un protecteur éclairé et instruit sur ses intérêts, à y délibérer, comme à rejeter ce qui peut leur être perfide.

Ce peuple ne cherche pas à connaître les secrets des cabinets; mais un bon sens le guide sur ce qui est juste ou injuste, franc ou dissimulé, avantageux, ou nuisible. Dans ce dernier cas, il reprend sa force et oppose de la résistance. C'est ainsi qu'il l'a prouvé à l'époque des fatales ordonnances. Après s'être vengé du manque de foi, vous l'avez vu reprendre son calme et retourner à son travail, ou à son humble demeure, quoiqu'il n'y ait pas trouvé à son retour plus de pain qu'il n'en avait la veille*. Combien d'hommes aujour-

---

faite aux traitemens fixés jusqu'alors à chacun de ces derniers en non activité, sous un nouveau mot de réserve, quand, d'une part, c'était sans nécessité, parce que ces généraux avaient, au dessus de l'intérêt, le sentiment de l'honneur de défendre leur patrie; et que de l'autre, cette préférence s'accordait peu avec les droits que tous les autres officiers de l'armée ont également à la bienveillance de votre Majesté.

* Le 28 juillet, voyant dans la place Vendôme un marinier blessé à la jambe, et paraissant exténué de fatigue,

d'hui, qui lui doivent leurs états, leurs grades, ou leurs honneurs, l'ont oublié. Ce qu'a été ce peuple, tel il serait resté, si l'on ne l'eut pas provoqué de nouveau en oubliant de remplir les engagemens que l'on devait à son désintéressement. Non, Sire, ils n'ont pas été tenus; voilà une des énigmes des émeutes.

Pourquoi, au bout de huit mois, les attributs des armoiries de Charles X existaient-ils encore, et aucune ordonnance ne les avait-elle pas supprimées ? Etions-nous encore sous son gouvernement, ou sous celui de Philippe ? Malheureux oubli qui a fait croire à nombre d'individus que notre souverain n'était que son lieutenant. Pourquoi avoir donné lieu à la célébration d'un Henri V, quand le gouvernement avait connaissance d'intentions manifestées pour des souvenirs proscrits, et des dispositions malveillantes d'un archevêque obtiné et resté jésuite malgré le siécle. La faute a été de laisser célébrer ce service : il fallait avoir le courage de le défendre.

Ensuite la France sans armoiries nouvelles, dont elle se flattait d'être dotée par son nouveau roi *. Timidité, retards. Qui peut faire tant hési-

---

je lui mis dans la main une pièce de 5 francs en lui indiquant un restaurateur voisin. Non, me dit-il, je n'ai rien, mais je suis riche de ce qu'enfin ma patrie est libre.

* J'en ai écrit au ministre de l'intérieur, dès février dernier.

ter à les déterminer, et quand le seront-elles?

Quand, ensuite, l'on a vu d'une part cet accueil que l'on a continué de faire à cet ambassadeur, l'ancien favori intime de Charles X, l'agent de confiance de Metternicht: et qui, de plus, avait à une époque osé refuser publiquement de reconnaître les titres de nos anciens guerriers; que l'on a remarqué ses bals et ses assemblées honorés de la présence de notre jeune prince royal (démarche que le duc d'Orléans n'eût pas permise à son fils)*.

Des égards d'un autre genre envers celui qui, en pleine paix, et avant même l'insurrection polonaise, a prescrit, au nom de son maître, à tous les Russes de s'éloigner subitement du territoire français, comme d'un sol épidémique; ces deux diplomates ayant certainement un rôle à remplir aussi à Paris, autre que celui de spectateurs tranquilles et joyeux des émeutes qui doivent parfaitement seconder les prétextes et les menées de leurs maîtres à l'extérieur; car il n'est que trop prouvé, par des distributions, que des rassemblemens commencés, n'importent les motifs, sont soudoyés ensuite; qu'une émeute qui devrait être dissipée dans la journée, continue d'avoir lieu trois, quatre et cinq jours; et que le motif est d'espérer de

---

* Pourquoi, sous le bon plaisir de votre Majesté, à l'éducation modèle qui fait tant d'honneur au père de ces jeunes princes, ceux chargés de terminer leur éducation ne chercheraient-ils pas à inspirer à leurs jeunesse quelques sentimens de notre énergie nationale : ce serait un bienfait.

finir par compromettre la garde nationale vis-à-vis du peuple. N'aurait-elle pas le droit, par l'intermédiaire et l'autorité de son commandant, de solliciter de la police administrative, qui a les moyens de tout connaître, de rechercher les véritables causes, de s'en procurer les preuves, et de faire cesser les incertitudes sur ce point, car les gardes nationaux blessés ne se guérissent pas par des éloges.

Un nonce du pape offrir, à votre jour de fête, et au nom des autres ambassadeurs des hommages démentis par les commissions militaires établies par ce pape, pour qu'aucun patriote romain n'échappe à sa vengeance. Notre ambassadeur ne rompant le silence que par des discours puisés dans les formes de l'ancien régime, et ayant oublié que naguère le gouvernement français savait ordonner à ce pontife orgueilleux de se rendre à Paris pour y recevoir des ordres; ces hommages également démentis par l'arbitraire des maîtres de ces autres ambassadeurs, qui s'emparent librement des territoires qu'il leur convient de faire parcourir par leurs troupes, et qui, du nord au midi, faisaient emprisonner ou massacrer sans contradicteurs.

Une diplomatie d'après laquelle votre ministère ne croit pouvoir être bien servi qu'en employant les anciens nobles, auxquels on a droit de demander où ils étaient les journées de combat. Préférence exclusive et injuste envers la masse d'une population éclairée, et contre laquelle nous avons vu avec peine que Votre Majesté ne se soit pas élevée ; car ce n'est pas à cette caste qu'est réservée la force de maintenir et défendre votre couronne. Que du temps du milliard accordé pour récompense à l'émigration , pour avoir porté les armes contre sa patrie, l'on ait rendu ces nobles les messagers de nos destinées, il y avait de l'accord ; mais ajouter au titre de roi celui de citoyen, et exclure les citoyens de ces places , voilà ce qui, à Calcuta comme ailleurs, paraîtra étonnant en 1831. Vous pourrez considérer, Sire, si ce n'est pas trop imprudemment confier les intérêts d'un peuple, et surtout ceux de sa liberté, à de pareils agens ; quand d'ailleurs leurs noms ou leurs parchemins, cités peut-être comme devant être plus agréables aux puissances, ne démontrent que complaisance ou faiblesse dont elles doivent s'applaudir.

Votre médiation non respectée, et dont l'on se joue pour perdre deux peuples qui, quoique imprudens, n'ont eu cependant d'autres torts que d'avoir été trop empressés à embrasser et servir notre cause. Que ce soit, Sire, lenteur des agens du gouverment, ou mépris de la part des puissances, vous seul pouvez en juger ; et cependant n'aviez-vous pas de justes titres pour qu'elle fut reconnue en faveur des Polonais, auxquels ces rois mêmes de 1814 ont garanti une constitution ; et quant aux Italiens, par le motif d'humanité qui peut admettre l'exil et l'éloignement des états où leur présence peut nuire, mais qui prescrit aussi de les faire échapper aux vengeances de leurs bourreaux, et d'éviter de continuer de voir le sang se répandre. Il est même impossible, Sire, que la jouissance de vos revues de nos gardes nationales ne soient pas mêlée par fois de quelques sentimens d'amertume, en pensant que dans d'autres contrées les patriotes, revêtus de ce même uniforme, sont dans les chaînes et les cachots, ou expirent sous le fer et la corde des bourreaux ; car l'état auquel nous sommes réduits est tel qu'un simple duc de Modène (et qui a même refusé de vous reconnaître) lutte avec avantage contre le roi puissant des Français, pour exercer aussi des cruautés à sa manière. Que l'Autriche transplante les Italiens prisonniers dans ses cachots de Spielberg, et que la Prusse favorise l'armée russe en toutes circonstances ; nos nobles ambassadeurs le voient, et notre diplomatie se tait. Aurait-elle fait consentir les despotes de la Sainte-Alliance à ne pas franchir notre territoire et à ne pas contester votre couronne, à la condition que l'on ne nous accorderait qu'une demie-liberté ? Éloignons de nous cette idée beaucoup trop propagée, vos intentions généreuses et connues la font rejeter.

Quant à la Belgique, il est visible qu'elle n'est redevable de quelqu'intérêt de la part de votre ministère qu'à son voisinage, la nation française devant donner la main à ses défenseurs. La preuve en résulte de ce que c'est le seul des trois peuples pour lequel on ait admis la faveur des protocoles. Il en a été de ce nouveau tribunal, pour disposer de ces quatre millions d'habitans, comme autrefois des conciles de Rome qui, sous le prétexte de dogmes, décrétaient ce qui convenait le mieux à leurs intérêts comme à leur ambition, et proclamaient aux peuples, alors dans l'ignorance : « Sans la foi pas de salut; » de même aujourd'hui : « Sans protocoles pas d'existence. » Sur vous, Sire, nous comptons pour ne pas laisser flétrir la liberté de ce peuple qui, indépendamment de ses couleurs, garantit nos frontières par une ligne de places fortes, et par son attachement à la France.

A ces faits, qu'il me soit permis d'ajouter l'éloignement de vos conseils et de votre personne, de ces vétérans de la liberté, que la France, depuis longues années, honore de son estime et de sa confiance; ou ceux d'entre eux qui ont cru devoir s'en retirer par le défaut de pouvoir remplir les mandats que le pays et vos intérêts commandaient; les uns et les autres ayant été cependant les premiers et les plus influens à vous faire proclamer à l'Hôtel-de-Ville. Pourquoi faut-il encore que l'on trouve de ce nombre votre premier aide-de-camp, qui n'a même pas été épargné. Ce qui peine davantage encore, c'est leur refus à vouloir plus long-temps vous éclairer, comme peine inutile.

Quel est donc ce nouveau pouvoir occulte, ressuscité de la restauration, et que nous avons eu le droit de croire enseveli pour jamais, qui à pu vous déterminer à de pareils arrêts, surpris à l'estime et à l'amitié, et qui se plaît à jouer au dez le sort de ceux qui doivent partir ou de ceux qui doivent rester? Il est d'autant plus coupable, qu'il détournerait de cette belle pensée, que Philippe est la meilleure des républiques, et qu'il voudra rester tel. Ils n'ont fait aussi que rendre plus frappant le contraste des réceptions flatteuses que ces députés ou ces démissionnaires ont éprouvés à leur retour dans leurs foyers. Mais vous les rappellerez, Sire; ce sera une victoire remportée sur ces Français ingrats qui s'opposent à la marche progressive de notre liberté. Je hasarderai ici une pensée qui intéresse votre couronne, et qu'il faut avoir le courage de vous dévoiler. En vous provoquant, soit à l'intérieur, soit avec les puissances, à des actes contraires aux institutions républicaines sur lesquelles vous étiez d'accord à l'Hôtel-de-Ville, il y a onze mois; et vous faisant perdre votre popularité, il devra s'en suivre une nouvelle anarchie qui, après de nouveaux essais de république, nous redonnerait le Henri V promis.

A tous ces traits, veuillez, Sire, reconnaître les causes d'une fermentation dans les esprits, et que, sans doute, on vous disssimule celles de désunion, de craintes, de découragement, de froid même envers le gouvernement; celles d'idées républicaines, comme désespérant de l'avenir; et celles enfin d'un dictateur aux trois journées, pour en finir; d'après les motifs, à tort ou à raison, qu'il

pouvait exister un accord pour les traités humi-
milians et sans réserve de 1814.

Le malheur, Sire, le Français le supporte, mais
l'humiliation le blesse. La paix nous est nécessaire pour consolider nos institutions, et la nation
applaudit à vos efforts pour la maintenir ; mais
achetée par une timidité outre mesure, qui laisse
les despotes libres et maîtres d'agir, et les peuples
dans les fers qu'on leur impose ; peut-elle être
durable ? Notre révolution, n'a-t-elle pas servie,
de prétexte pour faire ressusciter la Sainte-Alliance de son tombeau, et de nouveau s'unir pour
former un ensemble de toutes les forces de ces
puissances en préparatifs et en armemens sur tous
les points de leur domination, malgré vos messagers de paix, vos réclamations et vos droits. Où
en serions-nous sans l'insurrection de la Pologne,
qui nous a un moment servi de remparts ? Et
après dix mois de prétendue bonne foi de leur
part, veuillez, Sire, lire notre avenir dans l'ukase
récente de l'autocrate. « A l'aspect de l'Italie ren-
» due à l'ordre légitime et au repos, la propa-
» gande voit avorter quelques-uns des germes
» d'anarchie semée par elle sur toute l'Europe, si
» libéralement et avec un si vaste espoir. » Quelle
est cette propagande ? quels sont les germes d'a-
narchie ? quel est ce vaste espoir ? En est-il d'autres
qu'à la France que cette diatribe puisse s'appli-
quer ? Et il ose se découvrir ainsi quand il a encore
les Polonais sur les bras ! Ces puissances, d'ailleurs,

ne luttent-elles pas depuis quarante ans contre notre liberté ? N'ont-elles pas successivement renversé les constitutions de Naples, du Portugal, de l'Espagne, et même la nôtre pendant quelques jours, par leur trahison, leur diplomatie, ou leurs bayonnettes ! Ont-elles jamais fait la moindre concession à leurs peuples ? Que l'on cesse donc de vouloir persuader à une nation éclairée par l'expérience de ses malheurs, que l'on peut compter sur leur bonne foi, et sur une si franche et si bonne intelligence ; et quand elles raffermissent leur despotisme, parce qu'elles appellent l'ordre légitime, penseront-elles encore long-temps vous en imposer, en ne vous laissant pas affermir la Belgique par l'ordre de son indépendance. Quel grand intérêt a, dans ce moment, l'Europe civilisée à voir cet autocrate russe vainqueur d'abord des Polonais, quand il doit venir ensuite poursuivre ses conquêtes avec ses bandes sauvages, et ayant pour avant-garde le choléra morbus ? nouveau bienfait de la Sainte-Alliance. Il faudra maintenant que les peuples meurent ou disparaissent, parce qu'il a convenu à deux souverains alliés d'en favoriser un troisième propagateur de cette peste.

Alors à un sommeil de confiance a succédé un réveil d'inquiétude.

« Que veut-on donc, s'est-on dit ? Avons-nous
» vaincu les troupes royales, reçu des blessures,
» ou la mort pour, d'une part, devenir le jouet

» de l'Europe, et de l'autre, pour être ramenés
» insensiblement et par des plans calculés, aux
» us et coutumes de l'ancienne dynastie, au
» profit de quelques flatteurs ou de quelques
» ambitieux. Les intentions du chef du gouver-
» nement sont connues par des antécédens ho-
» norables et patriotiques, mais on ne lui laisse
» rien lire, il ne connaît que ce qu'on lui propose;
» on éloigne de ses idées jusqu'aux motifs de son
» élévation à l'Hôtel-de-Ville, et sous quels aus-
» pices et à quelles conditions... Sa condescen-
» dance pourrait, comme au temps de notre
» première révolution, causer à sa couronne et
» à la France des désastres qui ont fini par ra-
» mener à l'esclavage. Formons une association
» qui, indépendamment du sentiment naturel des
» Français a défendre leur territoire, les liera
» davantage encore et doublera leur ardeur,
» comme étant contractée sur ce qu'il y a de plus
» cher, la vie, la fortune et l'honneur. Les mem-
» bres qui la composeront, répandus sur la sur-
» face de la France, formeront un faisceau de
» défense mutuelle et universelle. Au premier
» bruit de l'invasion, ils se porteront aux avant-
» gardes de nos armées, et annuleront tous
» germes d'insurrections à l'intérieur. La rentrée
» de la famille déchue sera également interdite
» pour jamais * ».

---

* N'étant pas encore de cette association, mon opinion
ne saurait être partiale.

Les puissances ont dû en prévoir les résultats avec effroi. Nos adversaires à l'intérieur ont dû réclamer aussi. Cette association, Sire, a été prohibée, et avec humeur, par votre président du conseil des ministres, avec circulaires, défenses, injonctions; mais, comme on ne pouvait maîtriser l'action de Français indépendans, on s'en est vengé par les mêmes calculs d'autrefois, sur tous les employés du gouvernement qui enfreindraient la défense, par la raison qu'il faut que des citoyens qui ont de la capacité, d'honorables sentimens pour leur pays, redeviennent machines lorsqu'on paie leurs talens. Parce qu'un ministre aujourd'hui enfermé à Ham, a trouvé cette manière de maîtriser l'opinion et l'existence, lors de l'association du refus de l'impôt qui nous a cependant rendu quelques services, était-ce une raison pour l'imiter aujourd'hui?

Si cette association avait quelques irrégularités, ne pouvait-on pas y remédier, s'occuper, d'en diriger le mouvement, et vous en nommer le chef? C'était défier la Sainte - Alliance, il est vrai; mais pouvions-nous y perdre? On eût reconnu sa franchise. Si elle a fait encore soupçonner quelques idées de méfiance, à qui la faute? Qu'importait d'ailleurs la susceptibilité sur les formes, quand il était question de patrie? Le ministère d'un pays voisin, d'accord avec son roi, s'est-il embarrassé des associations faites même directement contre lui, lorsqu'il s'est déclaré contre le privilége des élections? Une pensée plus élevée l'a guidé : l'intérêt du pays. Mais chez nous l'électricité du patriotisme ne doit produire aucune étincelle. Des congés forcés ont été à l'instant prononcés par le ministre de la guerre contre dix-neuf capitaines ou lieutenans d'artillerie et du génie, et vingt-deux ci-devant élèves de l'École Polytechnique, employés à l'École d'application à Metz, avec ordre de quitter la ville en vingt-quatre heures, et sans solde aucune. Conséquemment, avec moins de ménagement qu'avec les officiers de la ci-devant garde royale qui ont tiré sur les citoyens, et ont eu solde et avancement. Par suite de la même marche, l'ordre précédemment donné aux élèves actuels de l'école de se tenir prêts au départ pour Metz en juillet, a été révoqué. Qui a pu retarder leur expulsion de l'école, si ce n'est peut-être le souvenir trop récent encore qu'ils conduisaient les colonnes de juillet, et quelques dangers d'une émeute sérieuse. Malheureux esprit de parti ou d'arbitraire, qui contraint un ministre couvert de gloire militaire, qui sait apprécier l'expérience et le besoin d'officiers capables pouvant concourir aux succès de nos armes, à s'en priver. Plusieurs de ces officiers ont eu de nouveau recours au ministre. — Se rétracter! — Des Français peuvent-ils le faire sur la question de défendre leur patrie? — D'où il résulte qu'en 1815 on ôtait le pain aux officiers, et qu'on le suspend forcément en 1831 ! Il m'en coûte, d'après toutes les bienveillances dont m'a honoré ce ministre pendant mes services, sous ses ordres en Espagne, de vous exprimer, Sire, ma pensée, que ce grand administrateur n'en avait par le droit plus que ses prédécesseurs du roi déchu, qui disposaient de l'existence et de l'honneur à leur gré; mais bien de citer ces officiers à un conseil de guerre ; car, autrement, le jour où les coalisés présenteraient leurs soldats sur la frontière, il suffirait que le ministre de la guerre renvoyât par congé forcé les officiers de l'armée, pour occasionner un désordre qui laisserait l'entrée libre à l'ennemi. La belle défense du ministre actuel à Toulouse, prouve bien que cela ne peut le concerner ; mais le motif, tout futile qu'il puisse paraître, n'en donne pas moins raison par le fait au but de l'association. Il doit, au surplus, être satisfaisant pour vous, Sire, de penser qu'avec ces sentimens de défendre le territoire, et que toute l'armée partage, l'heure des despotes aura sonné le jour de leur imprudente attaque.

Carnot, ministre comme lui, organisait les victoires républicaines ; mais il cherchait des combattans au lieu de s'en défaire. La France n'en compte pas moins sur son grand capitaine actuel pour organiser les nôtres. Son caractère, bien français, est trop généreux pour long-temps tenir à une erreur que l'on a pu lui faire commettre. La guerre et la marine ont aujourd'hui deux chefs pour leur gloire et leurs succès.

Même marche pour avoir ôté le commande-ment au général Lamarque, qui avait, jusques-là, maîtrisé à lui seul les troubles de la Vendée, pour lesquels on a mis depuis vingt mille hom-mes en mouvement. Doctrine nouvelle, mise aussi en pratique par votre ministre de l'intérieur. Par l'exigeance de ses ordres, il a mis le préfet du Var dans l'alternative de choisir entre ses devoirs de préfet et ceux de citoyen, ce qui a réduit ce dernier à donner la préférence à ce dernier titre, pour pouvoir continuer de servir les intérêts du pays; tandis que l'on maintient un préfet des Hautes-Pyrénées, dont l'arrêté a été cassé par la Cour royale de Pau, comme ayant, contrairement à la Charte de 1830, interdit l'entrée de l'église aux habitans qui y exerçaient le culte catholique français. Ils ont été rétablis dans leurs droits de la jouissance de cette église.

Pourquoi faut-il que les faits semblent coïn-cider avec l'hésitation et le refus de ce même ministre * aux électeurs de son département, d'adhérer, pour son élection à la Chambre, à se prononcer contre un privilége, une hérédité ou-

---

* Que cependant je citais dans mon écrit sur les sociétés populaires, en octobre dernier «comme étant de tout temps monté à la brèche quand il fallait rompre une lance pour la liberté.»

trageante et dérisoire, aujourd'hui comme de tout temps, puis qu'elle livre au hasard le droit de décréter les lois d'un pays à ceux des enfans qui produiront des baptistaires d'une naissance parcheminée, titre unique de leurs capacités avenir.

L'événement de Tarascon nous fournit encore l'exemple d'un autre préfet que le maire de cette ville a consulté sur le projet des habitans de désirer célébrer le jour de la fête de la commune, par la plantation d'un arbre de la liberté, surmonté des trois couleurs et des insignes (Vive Philippe, liberté, ordre public); et la réponse impérieuse de ce préfet, de s'y opposer, de faire même abattre l'arbre, et au besoin d'user de la loi martiale. La loi a été effectivement proclamée, mais grâces aux militaires et aux officiers de la garnison, protectrice de nos couleurs, elle n'a pas été suivie d'effusion de sang.*

Voilà des faits, Sire, dont vous pouvez vous faire rendre compte, comme résultats d'actes que votre signature a pu autoriser, mais auxquels

---

* Une souscription a été ouverte par les Français pour décerner une épée d'honneur au lieutenant Itam et récompenser les trois sous-officiers du 15ᵉ de ligne. D'un autre côté, on les transfère à Toulon, tandis que l'auteur, le coupable de causes anti-nationales, ayant dû occasionner guerre civile, reste préfet. Tôt ou tard, il en sera fait justice. (Voir l'*erratum* à la fin de la page 37.)

votre cœur généreux ne saurait applaudir, puis-
qu'ils seraient démentis par les expressions de
tous les discours faits pendant vos voyages dans
les départemens. Et en effet, quels fruits pourraient produire des réponses, si, par des actes, ceux
qui tiennent le timon de l'Etat, nous font dériver
de la route nouvelle, tracée par le sang et la volonté nationale. Les officiers ont pu être punis de
désobéissance à l'autorité, toute imprudente
qu'elle a pu être contre un acte aussi inoffensif ;
mais ensuite nous ne sommes plus au temps où
l'on trouvait quelques soldats dociles à fusiller le
maréchal Ney. Depuis le 28 juillet, l'armée ne
renferme plus de mercenaires, elle n'est plus com-
posée que de Français portant les armes pour défendre leur pays et leur roi, et d'officiers qui tra-
cent leur conduite, d'après le serment dont vous
lui avez donné le modèle : Patrie, roi, liberté.
Et ce doit-être dans ce sens que l'a entendu le
ministre de la guerre accompagnant Votre Majesté, pour celui qu'il a demandé aux troupes en
votre présence. S'il diffère de celui d'autrefois,
c'est que, jusqu'alors, les trois journées n'avaient
encore parues sous aucune horizon, et qu'une patrie qui se donne un roi, car pas de roi sans patrie, doit être la première au serment. Celui d'ailleurs ci-devant fait par la garde royale à son roi,
Charles X (à lui seul), ayant été lacéré par le fer et
le sang de juillet. Oui, il nous semble, Sire, vous
entendre, à ce sujet, proclamer ces paroles dignes

du roi des Français : « Ministres, généraux, auto-
» rités de toutes les classes, présidens des conseils
» de guerre, vous êtes certains de trouver soumis-
» sion, respect, obéissance toutes les fois qu'il
» sera question de nos principes et de nos cou-
» leurs ; en devier, c'est s'exposer à ne plus trou-
» ver que des Français, et cette garde nationale
» éclairée, marchant au besoin, au pas de charge,
» pour couvrir de son égide et des insignes qu'elle
» a reçu de moi, les militaires, les officiers, les
» braves de notre armée, comme les citoyens de
» toutes les classes, et les protéger. » Aussi, dans
cette persuasion, sommes-nous assurés que, malgré
les destitutions récentes des préfets et sous-pré-
fets, et cet épouvantail de république ou tous autres dont on effraie les départemens pour tâcher
d'obtenir une chambre dont nous ignorons les
vues, nos électeurs, bien français, nous sont ga-
rans du choix qu'ils feront d'hommes inébranla-
bles pour le maintien de notre liberté, celui de
votre couronne, et surtout de nos couleurs, que
l'on semble commencer à voir avec indiffé-
rence.

Il y a à ce sujet, Sire, une remarque importante à faire. Dieu veuille qu'elle serve enfin de
leçon à venir aux souverains en France, qui, moins
éclairés que vous, ont semblé, jusqu'à présent,
destinés à courir volontairement à leur perte. C'est
qu'en ne s'appuyant, comme l'ont fait les princes
qui vous ont précédé, que sur une portion d'in-

dividus pour lesquels la patrie n'est autre chose que la paisible jouissance de leurs places. ou de leurs fortunes et qui trouvent tout bien, jusqu'au jour de désastres. S'il survient un moment de revers, le gouvernement reste isolé et succombe; tandis qu'en s'appuyant sur les masses (et maintenant en France, ce sont elles qui désirent l'accomplissement des conséquences des trois journées), le gouvernement survit aux orages, et demeure fort et stable, parce qu'il a pour lui la population qui maîtrise toutes les oppositions partielles. Nous citerons Napoléon, qui, ayant brisé la statue de la liberté, n'a plus trouvé que quelques anciens soldats; Louis XVI, appelé aussi à juste titre l'honnête homme et désirant le bien; il s'est laissé entraîner par la cour dans une séparation d'avec les constitutionnels, il a rendu la France victime de la perte de sa couronne; Louis XVIII, après s'être renforcé des émigrés, avait déjà disparu. Au 20 mars, Charles X s'en étant rapporté à quelques hommes pour rétablir le pouvoir absolu, on connaît son sort; encore un empereur égaré par son ministère, ayant dédaigné l'opinion; favorisé ses courtisans aux dépens du peuple, et cherchant aujourd'hui un asile; et cependant ces princes ont eu aussi leurs beaux jours d'acclamations et d'applaudissemens; mais la popularité durable tient non pas tant à des discours, *qui ne sont plus aujourd'hui que de forme, mais à des actes;* ils l'ont compromise en s'en rapportant aveuglément à ce qu'on leur faisait souscrire; ils ont disparus.

Une seconde observation, fruit de l'expérience, et qui peut servir à fixer l'attention de Votre Majesté dans la composition de son ministère, comme sauve-garde des intérêts nationaux, c'est l'espèce de fatalité qui a presque toujours constamment planée sur la France, et qu'un bon génie (ce sera le vôtre) peut seul faire disparaître. Elle concerne les ministres. Le peuple anglais a eu sur nous l'avantage de trouver constamment dans ceux qui se sont succédés, des hommes qui (n'importe leur opinion ou leur parti) sont restés anglais pour la liberté, la gloire et surtout l'intérêt de leur patrie. Un seul s'est égaré de nos jours, en formant des liaisons sur le continent avec la sainte-alliance; de retour et respirant de nouveau l'air natal, il a opéré son suicide. La France, au contraire, malgré ses révolutions, ses immenses sacrifices, n'a généralement rencontré dans les hommes appelés aux ministères que des individus changeant le lendemain de langage et de conduite, s'isolant de la masse pour établir un pouvoir à leur manière; n'avoir de pensées que pour le rendre dominant, et ne s'occupant du pays que pour le soumettre à leur bon-plaisir, et surtout pour la rentrée bien ponctuelle du produit de la sueur du peuple, le milliard d'habitude, sans les supplémens. L'une des causes était aussi l'existence d'une habitude des anciennes cours de France en excès de luxe et de prodigalités, à laquelle tout devait être sacrifié, comme la source où les ministres puisaient leur faveurs à distribuer. France et patrie devenaient concentrées dans les palais de Versailles ou des Tuileries, et les rênes de l'Etat flottaient au hasard. Ces ministres ne cédaient que quand la nation, fatiguée de ne trouver en eux que des agens du pouvoir absolu et d'une cour ingrate, les faisait disparaître; mais que l'on ne croie pas leur voir imiter la fin tragique de lord Castelreag; la vie continue de leur être chère, et leur fournit la consolation de jouir paisiblement de leurs fortunes et des faveurs acquises, et cependant que de biens ils pourraient faire. La reconnaissance durable d'un peuple bénissant leurs noms et leur présence, équivaut bien à une jouissance de passagère domination.

En effet, Sire, sous les voûtes dorées on y respire difficilement l'air national. Si vous êtes resté le même, tous ne vous ont pas imité; car déjà, dans les entours de votre palais, le mot de liberté n'est pas une faveur pour obtenir des hommes qui, éblouis le jour de ce qu'ils étaient la veille, en accroissemens subits de grades et d'honneurs, doivent nécessairement attendre le réglement de la liste civile pour vous proposer de rendre à la couronne sa splendeur et ses droits, qu'il ne soit question que d'hommages à lui rendre, de rétablir royal tout ce qui est national. Au milieu de tant d'occupations, le seul oubli est celui qu'il n'est question que d'une couronne citoyenne. L'on a bien aussi d'autres choses à penser qu'aux motifs des barricades ; des places qui recèlent les cendres de ces braves qui nous ont fait ce que nons sommes, et à se représenter les classes manufacturières et commerçantes, surtout celle ouvrière dont les traits du visage annoncent les besoins. Ils se sont tous crus riches d'avoir vaincu le despotisme et de voir leur pays jouir des bienfaits que cette délivrance devait opérer ; voyant cette tendance à l'hérédité, ils se demandent ce que, depuis dix mois, l'on a fait et ce que l'on se propose de faire. Pour remplir ce but désiré, j'ai soumis à Votre Majesté les faits et les actes, il ne m'est rien resté de plus à leur apprendre.

Oui, Sire, en simplicité de mœurs, en abord facile, en fermeté de caractère, en dévoûment à notre cause, vous possédiez depuis long-temps tout ce que notre révolution pouvait faire désirer, et ce qui peut flatter la génération actuelle : quel peut donc être l'effet d'une couronne, où l'ascendant de conseillers ou de courtisans, pour opérer un changement et avoir vu un nouveau roi, centre de nos affections, influencé au point de ne pas daigner écouter les citoyens de la garde nationale d'une ville importante, et sur une frontière plus d'une fois défendue par elle. Elle a cru pouvoir confier au duc d'Orléans, couronné, quelques vœux à lui soumettre pour l'intérêt du pays et de sa liberté, comme elle a cru pouvoir penser qu'un roi, élevé par le peuple, devait désirer l'entendre. Non, ce ne peut être l'effet de vos sentimens personnels, mais bien une suite de cette fatalité que j'ai essayé de démontrer, peser sur la France par la cause de ses ministres. Cet acte me rappelle de trop sombres souvenirs pour m'y arrêter... Elle a été refusée.

Et quelle récompense si grande aux yeux des deux ministres qui vous accompagnaient, Sire, les gardes nationaux du royaume ont-ils donc reçu pour prix de leur dévoûment, leurs sacrifices, leurs veilles, pour les priver du droit d'être écoutés par leur roi, surtout quand ils sont prévenus *par des annonces* qu'il vient consulter *leurs besoins*, et que le discours du commandant de celle de Louviers a été entendu, et même accueilli par un don de la légion d'honneur? Non. Les journées de juillet ont défendu de se jouer d'une nation généreuse; et c'est à vous, Sire, que nous en appelons. S'il n'est qu'un sens d'après lequel les discours doivent être prononcés, il serait nécessaire que le gouvernement voulût bien nous éclairer, afin d'éviter dorénavant un refus sensible à tout un corps respectable, tel que celui de la garde nationale de Metz, dont, peut-être, il sera sous peu obligé de réclamer l'assistance; et le silence que ce corps croirait, dans ce cas, pouvoir observer, devant compromettre les intérêts du pays. Que de résultats plus glorieux et plus conformes à vos vues ces ministres auraient pu procurer à Votre Majesté, s'ils lui avaient au contraire fourni les moyens d'entretien avec les autorités locales et les citoyens éclairés des départemens, sur les routes, les canaux, les bâtimens à réparer, ou ceux à construire dans des vues d'utilité publique; ceux des petits séminaires pouvant servir à l'infanterie, d'établissemens de haras pour la cavalerie, ou d'institutions secondaires de l'École de Châlons pour la jeunesse pauvre et laborieuse; des maisons d'arrêts utiles aux indigens et à la société; de l'amélioration des prisons; des encouragemens à donner aux laboureurs pour le perfectionnement de la culture; d'un rappel à faire avec avancement de grade, aux braves de notre ancienne armée que les disgrâces de la restauration ont répandus sur la surface de la France, et dont un grand nombre serait encore capable et nécessaire pour former nos jeunes légions à la victoire; des hospices pour les vieillards, les infirmes, les orphelins, les femmes enceintes, et d'autres établissemens de bienfaisance, sur lesquels il ne faut dire qu'un mot aux Français pour les voir s'empresser à les seconder; tous motifs promulgués par juillet, et qui offriraient l'aspect d'un roi bienfaisant en offrant les documens à la nouvelle assemblée de députés animés du même esprit pour les allocations possibles*. Mais revenons à cette garde.

---

* Ce serait pour nos concitoyens des nouvelles plus

Dans la capitale, sans elle et celle de la banlieue, abandonnant ses travaux pour venir s'y joindre, combien de choses existantes encore aujourd'hui, auraient pu cesser d'exister pendant et depuis le procès des ministres?.... Ses vœux étaient alors accueillis; on interrogeait les chefs au lieu de leur imposer silence. Ce corps avait cependant aussi délibéré pour maintenir l'ordre, et l'on s'était bien trouvé de sa délibération. Nos adversaires, comme du temps du pouvoir déchu, pourront apprécier cet acte comme un trait de fermeté nécessaire vis-à-vis des Français remuans et qu'on ne saurait contenter. Je serais de leur avis, s'ils pouvaient démontrer que pendant les quinze années de la restauration, on a cherché à les tranquilliser, à les laisser paisibles par de la franchise dans la marche, par des procédés qui ne fussent pas anti-nationaux; par des actes enfin qui ne fussent pas capables de porter le peuple au désespoir, et qui prouvent que cette tranquillité il la désirait, il la demandait, *et qu'il n'a jamais pu l'obtenir.* J'ai plus de confiance dans la bienveillance dont un jour Votre Majesté honorera la conduite loyale et franche de

flatteuses et, pour nous, plus intéressantes que les réceptions de M. le Comte ou de M{{me}} la Baronne, et les départs du Roi ou de la Reine pour Saint-Cloud ou Neuilly, qui ne sont que des affaires de maison et intéressent peu la France. Il faut que l'ancienne ornière soit bien profonde pour que le *Moniteur* lui-même ne puisse pas en sortir.

cette garde nationale de Metz et de son brave commandant, dont le nom ne sera pas oublié.

Qu'à votre premier voyage, Sire, votre âme généreuse et libre aie imposé silence à ceux des maires ou commandans qui, étant restés dans l'ornière de la restauration, ont adressé leurs discours aux pieds de Votre Majesté, au lieu de les adresser à votre personne, n'ayant retenu du passé que la formule routinière et usée de la très-fidèle et très-soumise Chambre des pairs aux pieds de trois Majestés successives, qu'elle n'a pu faire rester debout, nous eussions reconnu le duc d'Orléans ; mais qu'au moins il ne soit pas dit, Sire, que l'on vous privera de la satisfaction d'entendre d'autres citoyens ayant leurs représentans, et cependant vous donner une préférence de confiance, qui ne peut qu'être flatteuse pour le roi des Français auquel ils la témoignent.

Vous pardonnerez, Sire, cette digression. Moins attaché à votre personne et moins sensible à ce refus, j'eus gardé le silence. Car, en vous annonçant mon projet de vous dire la vérité, je ne pouvais m'attendre à en user pour un acte d'une pareille importance. Jetons des regards plus satisfaisans sur l'intérêt et la bienveillance que Votre Majesté a témoignée en voyant à Châlons, cette école, l'asile destiné aux enfans de la classe laborieuse et à ceux des militaires morts au champ d'honneur. Il est beau à un roi d'être le créateur d'institutions utiles à une population. Et c'est à ce titre que je saisirai l'occasion de ma supplique pour vous proposer d'en doter les départemens, en accordant une succursale de cette école à chacun d'eux. Le nombre actuel des élèves est tellement exigu et en disproportion avec la masse des habitans, que chaque département ne peut fournir annuellement qu'un élève, et celui que Votre Majesté elle-même y avait destiné l'année dernière n'a pas pu être admis faute de vacance. Les bâtimens, pour former ces succursales, s'offrent naturellement. Aujourd'hui, que les palais ne doivent plus faire partie d'un luxe inutile; et en assimilant les évêques et archevêques aux présidens des Cours royales, lesquels se logent à leurs frais sur leurs traitemens du Trésor, ces palais rentreront alors dans les domaines départementaux. Leurs bâtimens, joints à ceux vacans des petits séminaires, serviront à établir ces succursales. On pourra vraisemblablement encore y joindre l'enseignement, ou l'exposition des produits de l'industrie, et surtout de la charrue-modèle que vous avez visitée, et beaucoup trop négligée dans un pays agricole comme celui de la France.

Il est temps, relativement à ce haut clergé, que le gouvernement, né de juillet, secoue le joug qu'il a imposé pendant quinze ans à ceux qui ont régné et à leurs ministres qui, par sympathie, croyaient aussi devoir courber leurs têtes devant leurs éminences, et avec une timidité qui avait lieu de surprendre*. De quoi, en effet, se compose ce haut clergé? De Français respectables dans leurs fonctions, et pour lesquels la société ne manquera pas des égards dûs à leur caractère; mais au-delà, rien de plus que tous autres Français faisant partie de la masse nationale. L'état leur accorde des traitemens même plus considérables que la modestie du vrai culte ne le permettrait. Ces traitemens proviennent d'une partie de la sueur du peuple. Il n'est que bien juste que ce peuple retire quelqu'utilité de son superflu. Autrement, ce serait de la part du gouvernement retomber, sur cet article, dans la route usée de la restauration, que le sang de juillet a nivelé.

Veuillez, Sire, pardonner la longueur de ma supplique en faveur des intentions. En vous s'est reposée notre confiance, lorsque la France vous a élevé sur ses pavois. Des épreuves longues, honorables, et toujours marquées par un constant dévoûment à votre patrie et à sa liberté, nous

---

* La royale formule «vu en notre conseil-d'état» et la consigne «halte-là» contre tous autres tribunaux, comme pour tous réclamans, étaient la sauve-garde (*in eternum*) contre l'infraction aux lois, ou contre le timide desservant ou les citoyens qui avaient la hardiesse de réclamer justice. Que l'heure qui sonne dans leurs cathédrales rappelle à chaque instant du jour aux supérieurs, comme aux inférieurs du clergé de France, qu'ils doivent être humbles et soumis aux institutions du pays, et au chef de l'état qui fournit à leur luxe et à leurs besoins.

ont garantit que la France, après avoir été le jouet de tant d'orages, toucherait enfin à un port conservateur, bienfaisant et salutaire; que ce luxe de cour, dévastateur autant des deniers de la veuve et de l'orphelin, que de tous sentimens de l'amour du pays, ne reparaîtrait plus sous un prince qui avait à se rappeler l'état de la France au 28 juillet, les engagemens pris d'institutions républicaines *, et les conditions du règne : qui avait enfin l'exemple que le roi d'Angleterre, avec sa simplicité, était cependant un des plus puissans rois de la terre? Le désir de voir long-temps régner le duc d'Orléans et sa dynastie, tels que nous avons appris à le connaître, m'a engagé à lui révéler des vérités utiles qui, ordinairement, n'attirent que des digrâces, je m'estimerai heureux si, même à ce prix, j'ai pu contribuer à le déterminer à ne marcher que d'après ses inspirations personnelles dans la belle carrière qu'il a à parcourir. Cet appel que j'ai pris la liberté de faire à la volonté royale, en a été le but, parce que dès-lors elle doit satisfaire tous nos vœux et assurer le bonheur de notre avenir. J'ai cité les princes, ses prédécesseurs, tous aujourd'hui dans l'oubli, parce qu'ils avaient entravé les institutions que le siècle commande, et sur lesquelles les Français seront invariables, comme ils seront reconnaissans envers ceux qui les consolideront.

---

* Résultat de l'entretien avec le général Lafayette, le 28 juillet, à l'Hôtel-de-Ville.

Qu'aujourd'hui le pouvoir n'en impose que par des actes qui le font respecter et chérir, et que nous devons les espérer du prince qui nous gouverne. Il est temps encore, Sire, secouez le joug que l'on vous impose. Rentrez dans ces rangs de Français, aux yeux desquels les trois journées ne sont pas tombées dans l'oubli, vous y retrouverez des amis forts et fidèles, et de véritables défenseurs qui vous ont donné une couronne qu'ils sauront défendre, qui l'ont fait dans l'effusion de leurs cœurs et la conviction de leurs esprits, que vous seriez le seul capable de rendre le bonheur et une tranquillité durable à une nation que vous avez reconnue avoir été *tant de fois trompée,* vos intérêts l'exigent, ceux de la patrie le commandent. Des voyages, des acclamations, les ministres de Charles X y avaient aussi pensé. Ce prince vit maintenant sous un autre climat.

Je terminerai, Sire, par réclamer un acte de pure bienveillance et de popularité durable. Nous touchons à l'époque de l'anniversaire de juillet. On ne se réjouit pas quand on n'est pas heureux, et que les espérances s'évanouissent d'après les faits et les conséquences que j'ai soumis à Votre Majesté, et le sombre qu'ils ont fait naître dans les esprits, comme dans les cœurs; faites, Sire, que ces fêtes prochaines ne soient point des jours de froideur ou de deuil. Des inscriptions orneront les emplacemens destinés à les célébrer. L'arc de triomphe du Carrousel offre un marbre vacant pour y recevoir celle qu'il plairait à Votre Majesté y faire apposer. Quelle autre plus flatteuse pour ce peuple qui a combattu et vous a donné la couronne, que d'y voir inscrit : *les Trois Journées.* * Ce sera donner l'occasion de fêter d'avance votre entrée dans votre nouvelle résidence. Elle imposera à tout ce qui vous entoure l'obligation de bien servir et de vous plaire; et les ambassadeurs, la lisant à leur passage, auront occasion d'apprendre à leurs maîtres qu'en France on sait y honorer la liberté, et que peuple et roi sont unis pour la défendre.

1er Juillet 1831.

A. MASSON,

Officier en retraite, vétéran de la garde nationale parisienne de 89.

ERRATUM (Voir la note de la page 22).

Est-ce donc un si grand crime de célébrer une fête par l'érection des couleurs nationales. S'il plaisait au Roi, qui depuis long-temps y est attaché, de prescrire que l'on plaçât des arbres de la liberté dans toutes les places des villes et des villages du royaume, est-il un individu qui oserait taxer le chef de l'état de révolutionnaire?

---

* Et au-dessous, *ad libitum* :

Par le fer et le sang, la France relevée,
Du Nord au Tibre défendra sa liberté.

P. S. Du nombre des vérités dont je me faisais un devoir d'éclairer le Roi, il en est une sérieuse que je ne pouvais prévoir, c'est celle de la visite faite ce matin par un commissaire de police à l'imprimerie, où je suis venu pour corriger l'épreuve de ma lettre. Ce fonctionnaire paraît avoir tout visité, tout fait déplacer et tout lu, même ma lettre, propriété non publiée, et est ensuite sorti sans autres formalités. Si ses ordres étaient relatifs au moment des élections, il me semble qu'il eût été plus convenable que ses supérieurs attendissent l'impression, afin de pouvoir mieux juger, que de donner des inquiétudes à cet imprimeur, à sa famille et à ses ouvriers, par une perquisition soudaine que les trois journées ont cependant assez sérieusement abolies en expulsant le despotisme, et ses ministres renfermés à Ham.